GUÍA DE LECTURA

Escrita por Lina Sánchez

El corazón de las tinieblas

de Joseph Conrad

Entiende fácilmente la literatura con

ResumenExpress.com

www.resumenexpress.com

JOSEPH CONRAD

- **Nacido en 1857 en Bedryczów (entonces Polonia, actual Ucrania)**
- **Fallecido en 1924 en Bishopsbourne (Inglaterra)**
- **Algunas de sus obras:**
  - *El Negro del «Narciso»* (1897), novela
  - *Lord Jim* (1899-1900), novela
  - *Nostromo* (1904), novela
  - *El agente secreto* (1907), novela

Joseph Conrad, cuyo verdadero nombre era Józef Teodor Konrad Nałęcz-Korzeniowski, fue marino y novelista. Nació en Polonia, en un territorio que actualmente forma parte de Ucrania, ocupada entonces por los rusos. Su padre y su madre, activistas del movimiento nacionalista polaco, murieron jóvenes y dejaron huérfano a Conrad a los doce años.

Por esta razón, Conrad se mudó a Lvov, donde vivió con su tío, y luego a Cracovia, donde terminó sus estudios de colegio. Cansado de la vida de estudiante, en 1875 —con tan solo diecisiete años— se embarcó en el Mont Blanc, en Marsella, y de ahí en adelante se dedicó a navegar. De esos primeros años se sabe poco, pero se cree que hizo un viaje por el Caribe, se intentó suicidar por razones amorosas y tuvo algunos lazos con contrabandistas de armas para carlistas españoles.

Cuando llegó a convertirse en capitán de la nave británica, a los veintiún años, comenzó a escribir sin descanso. Además, cambió su nombre polaco a una versión más anglosajona, Joseph Conrad, después de recibir la ciudadanía británica. Si bien Conrad era polaco y tanto su francés como su ruso eran fluidos, su lengua literaria fue el inglés, idioma que aprendió tardíamente. Sus obras reflexionan en torno a la moral humana, su inestabilidad y su vulnerabilidad.

Joseph Conrad hizo un viaje por el Congo en un barco belga en donde fue testigo de las atrocidades cometidas por los colonos. Este viaje le sirvió como inspiración para escribir posteriormente *El corazón de las tinieblas*.

Finalmente, Conrad tuvo que abandonar la vida del mar cuando las nuevas tecnologías dejaron en desuso a los barcos a vapor. Siguió escribiendo, sin embargo, hasta el final de sus días, y sus obras tuvieron relativo éxito, aunque ninguna tuvo tanto como *El corazón de las tinieblas*. A pesar de ello, su obra es reconocida por varios escritores modernistas y colonialistas como Rudyard Kipling, Henry James y H. G. Wells, a quienes llegó a conocer. Los problemas de salud y su adicción al juego marcaron los últimos años de su vida.

EL CORAZÓN DE LAS TINIEBLAS

VIAJE POR LA DESAZÓN

- **Género:** novela
- **Ediciones de referencia:**
  - Conrad, Joseph. 2012. *El corazón de las tinieblas*. Buenos Aires: 519 editores
  - Conrad, Joseph. 1986. *El corazón de las tinieblas*. Barcelona: Ediciones Orbis
- **Primera edición**: 1899
- **Temáticas:** locura, salvajismo, brutalidad, colonialismo

El corazón de las tinieblas, novela simbólica y misteriosa, narra el viaje de un marinero llamado Charlie Marlow a través de un río tropical, en busca de un tal general Kurtz. En su viaje, Marlow es testigo de la atrocidad de los europeos en territorio africano y de la locura, de los límites de lo humano en situaciones de conflicto.

Finalmente, hallará a Kurtz, pero se encontrará con un desquiciado y enfermo gobernador blanco en territorio negro, que es considerado un dios por los pobladores de la región. Marlow, extrañado, lo tratará de ayudar en sus últimos días, pero sobre todo intentará entender qué pasa por la mente del perturbado Kurtz y cuáles son los sucesos que lo han llevado a ese punto. Una novela que no da tregua y que es un tremendo texto sobre el colonialismo, la locura y la brutalidad.

RESUMEN

HACIA EL CORAZÓN DE LA BESTIALIDAD

La Nellie, un velero de dos mástiles, atraviesa el Támesis con un grupo de marinos. Entre la bruma, el narrador nos dice que, desde ese río y al navegar por sus afluentes, se puede ver la ciudad más grande y poderosa de la tierra: Londres.

Pronto nos enteramos de que este narrador es el capitán del barco, un viejo marino llamado Marlow, que ha viajado por el océano Índico, el Pacífico y los mares de China. Además, cuando era joven Marlow visitó África, tierra saqueada y violentada por los europeos. Este viaje será el centro de la narración.

A bordo de la Nellie, Marlow se dedica a contarle al resto de marineros la historia de su juventud. De joven, le pide ayuda a su tía para empezar a trabajar y encuentra así una compañía que contrata marinos para viajar a África. Después de un extraño chequeo médico, que es más bien un examen frenológico, pues el médico mide el cráneo de Marlow, el doctor, ya descreído del método, le dice a Marlow que la locura va por dentro de la tapa de los sesos y no por fuera, así que no es medible.

¿SABÍA QUE...?

No es casual que la ciencia de la frenología sea retratada por Conrad en su libro. Los más fervientes teóricos de esta disciplina afirmaban que algunos rasgos característicos de la personalidad podían ser medibles a partir del estudio de las dimensiones de la cabeza. Ya revaluada desde hace más de un siglo, la frenología es ahora polémica por varias prácticas y nociones bastante cuestionables; entre ellas, la inclinación racista a pensar que los nativos americanos y los negros tenían predisposición por la pereza y el servilismo, y un interés natural por contribuir al desarrollo de Europa.

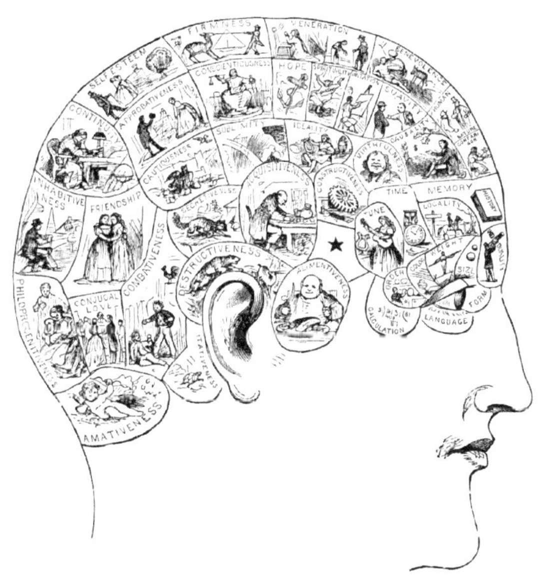

Imagen de las facultades humanas según la frenología.

El joven Marlow, finalmente, se embarca en el mismísimo río Támesis que cruzará años después como capitán y narrador, y atraviesa el Atlántico de arriba abajo, hasta llegar a la boca de un río tropical, no antes sin contar la historia de su predecesor en la compañía, un tal Fresleven que fue asesinado en África. Navega durante más de un mes en una embarcación por el cauce del río, hasta que llega a las instalaciones de la compañía con la que lo ha puesto en contacto su tía, y que se dedica a la explotación del marfil. Allí, un hombre blanco apunta con un rifle a varios negros, que parecen estar esclavizados. Es el infierno: se escuchan explosiones a lo lejos y el sufrimiento está a la orden del día.

Para completar el escenario de horror, Marlow se entera de que su barco está estropeado y de que tiene que esperar tres meses para que sea reparado. La noticia le llega por el director general, un hombre mezquino que parece tratar de hacerle la vida imposible a Marlow. Asimismo, un contador bien vestido le habla por primera vez de un extraño personaje, un tal Kurtz que se dice que ha enloquecido. Este personaje no será el último en hablarle de él. Otro chico, un joven empleado, le dice que cuando encuentre a Kurtz le hable bien de él, que lo deje en buenos términos. Los rumores se hacen más frecuentes, y se dice que Kurtz está bastante enfermo, que partió hace unos meses y que no ha vuelto a tener contacto con la compañía.

Marlow consigue los repuestos para su embarcación y está totalmente dispuesto a buscar a Kurtz en esa región recién descubierta por sus ojos de explorador.

VOCES EN LA NIEBLA DE LA NOCHE

Marlow, por fin, empieza su viaje en busca de Kurtz. En el camino, lleva una tripulación compuesta por peregrinos religiosos, militares y algunos caníbales sobre los cuales habla con gratitud. El viaje, sin embargo, no es tranquilo: en medio de la noche se escuchan gritos y sonidos de tambores. Los viajeros saben que se trata de los nativos de la región; el misterio rodea la escena y cubre la noche en medio de la selva.

Para el viejo Marlow, que cuenta su viaje, la atmósfera de la selva, el recuerdo de lo inhóspito, se mezcla con la evocación del olor de la carne de hipopótamo que se pudre a lo largo del trayecto y que sirve de sustento a los caníbales que van en la embarcación. Al escuchar las voces en la noche, los caníbales sienten la necesidad de comer carne humana y Marlow los calma.

En esta sección de la narración, se hacen más fuertes las referencias al marfil, que es el principal interés de los colonialistas en esa región del mundo.

La muerte acecha y, ya cerca de la estación central de la compañía de marfil que ha contratado a Marlow, último lugar en que se ha visto a Kurtz, un grupo de nativos atacan la embarcación capitaneada por Marlow. Los habitantes de esa región disparan flechas, y los europeos se defienden con rifles. Sin embargo, no sirve de nada y el encargado de pilotear el barco queda herido de muerte pues una flecha le atraviesa el pecho.

El ataque se detiene después de que Marlow emite un pitido

con el barco. Este lanza el cuerpo del piloto al río para que los caníbales no se lo coman y pone a otro hombre en su lugar. Entonces, la tripulación desembarca. Un extraño hombre blanco, disfrazado de arlequín, se acerca y dice que no hay nada que temer: han atacado el barco para proteger a Kurtz, quien está vivo.

¿Sabía que...?

La imagen de un grupo de exploradores que cruzan un río en la noche y que son atacados u observados por nativos se ha convertido en parte de la cultura popular. En el capítulo de *Los Simpson* «Simpson Safari», la famosa familia amarilla es supuestamente atacada por miembros de una tribu africana, quienes hacen ruidos y tocan música desde la orilla. Homer lanza una piedra que golpea a uno de los nativos. El nativo le dice a uno de sus amigos que solo estaba saludando y que le parece grosero que le lancen piedras. La escena es una parodia, precisamente, del libro de Conrad, y del viaje del segundo capítulo a través del río.

EL HORROR

El hombre vestido de arlequín le cuenta a Marlow acerca del desequilibrio de Kurtz. Este ha logrado dominar ese territorio y ha hecho que los habitantes de la región lo sigan como regente. A pesar de lo que se diga, Marlow está fascinado con Kurtz: se dice de él que aún habla con racionalidad aparente y que se muestra paciente ante las actitudes serviles y de idolatría por parte de los habitantes de la región.

No obstante, el arlequín asegura que Kurtz está loco y que, de hecho, va a morir pronto. No dice mucho más acerca de Kurtz, pero también parece estar desequilibrado. La noche cae sobre la selva y todos duermen.

De pronto, justo a medianoche, Marlow escucha un grito potente que inunda el ambiente. De inmediato, Marlow trata de encontrar de dónde proviene el grito y camina por un sendero hecho recientemente, al final del cual encuentra a Kurtz. Sin embargo, en vez de llevarlo con los suyos, Marlow lo lleva de nuevo al poblado que este gobierna. La locura de Kurtz se manifiesta varias veces a lo largo de este capítulo de forma similar: grita en medio de la espesura de la selva.

Marlow habla constantemente con Kurtz y en una de sus conversaciones este le da unos papeles y le pide que no se los muestre a nadie. En otro de estos episodios, Kurtz, en medio de la noche, se despierta y grita con desesperación y repite las palabras «¡El horror!». Tras este episodio, Kurtz muere y se le organiza un pequeño entierro. La tripulación vuelve a la estación central y luego a Europa. Marlow guarda con celo los documentos que le ha entregado Kurtz que, no obstante, en Inglaterra le son arrebatados por periodistas y burócratas.

Finalmente, Marlow puede entregarle un par de cartas a la pareja de Kurtz. La mujer le pregunta cuáles fueron las últimas palabras de Kurtz. Marlow miente y le dice que fue el nombre de la mujer.

La narración de Marlow termina y se describe el horizonte vasto que se ve desde la Nellie, años después, desde Londres.

ESTUDIO DE LOS PERSONAJES

Es importante resaltar que, aunque en esta obra sí existen personajes concretos como Kurtz, Marlow o el director, una buena parte de los personajes es abstracta: la selva, los negros, los blancos. Estos personajes tienen unas características especiales: son personajes difusos, no definidos con precisión.

Lo anterior, sin embargo, no es una arbitrariedad. El hecho de que sean pocos los personajes definidos (con nombres y características particulares) enfatiza su poder sobre la gran masa poblacional. Adicionalmente, esta omisión acentúa la noción de que los negros se parecen más al paisaje natural de África que a otros seres humanos; se trata de una masa informe de población, sin identidad y más ligada al paisaje, a la naturaleza. Los pocos personajes negros que son detallados funcionarán como descripción general de todos los demás, o como contrapunto.

CHARLIE MARLOW

El hogar de Charlie Marlow es el vehículo en el que navega. Al contrario de los demás marinos, que siempre tienen sus ojos puestos en regresar a casa, Marlow es un nómada, y se siente rápidamente disgustado cuando pasa mucho tiempo entre quienes viven sobre la tierra. Charlie Marlow es un gran observador, y un sabio que ha visto lo que muchos otros no.

Antes de que logre conocer a Kurtz en persona, Marlow se

comienza a preguntar cómo trabaja él, cuál es su enfermedad, si está loco y, si lo está, cuál ha sido el camino que lo ha conducido al desequilibrio. Es desde estas percepciones que Marlow se acerca a Kurtz, y siente que hay un lazo íntimo entre los dos: piensa que toda la vida del genio universal ha pasado por sus manos, y que está frente a un hombre brillante.

En otro sentido, Marlow también representa la total indiferencia. Hay pocas cosas que lo conmuevan o que lo agiten. A veces le parece graciosa alguna monería que hace alguno de los hombres negros que lo acompañan, pero siempre parece nihilista, estoico, como si dedicara la vida a observar sin detenerse, o a navegar.

Para algunos críticos, Charlie Marlow también puede ser entendido como el paradigma del escritor. En su discurso hay un par de referencias al proceso de la escritura. Por supuesto, en la novela, su función es la de ser narrador de su propia historia. Es testigo y analista de ella, y la comparte con todos. A pesar de su aparente desinterés por el mundo a su alrededor, cuenta su experiencia y lo hace con habilidad y emoción.

KURTZ

Todo infierno tiene su diablo regente. En este, el del mundo de *El corazón de las tinieblas*, se llama Kurtz. Todas sus pasiones, las más primitivas, las más certeras, lo han moldeado como un hombre de marfil.

Su don más importante es la elocuencia. Puede hablar sobre

cualquier tema, como si él mismo hubiera existido antes que la Tierra y lo conociera todo. Además de esto, Kurtz tiene el don de la palabra poética: tiene el poder de sintetizar los aspectos del mundo en frases simples y hermosas.

Kurtz no solo es el dios de las tinieblas, sino que es un destripador, un violento asesino. Sale de cacería para encontrar marfil, y algunas de las cabezas de elefantes que recoge en esos viajes forman parte de los símbolos que decoran su oficina. Su relación con los negros de la región es ambivalente: aunque los quiere eliminar de la faz de la Tierra, también tiene poder sobre ellos y es su gobernante.

Como bien lo describe Marlow, Kurtz es una ironía, o una paradoja extraña. Marlow hace referencia a esto diciendo que en alemán «kurtz» significa pequeño, o corto, y Kurtz es un hombre de por sí alto. Al mismo tiempo, pero desde otra luz, Kurtz es la barbarie misma, toda la violencia y la brutalidad alcanzables en esa selva y, aun así, tiene el poder más importante de la civilización: el del lenguaje. Lo domina, e incluso casi es el dueño del lenguaje mismo.

Este gran poder para convencer y los matices y estructura de los ecos que reproducen su voz en todos los rincones de la selva le darán su cualidad de deidad. Como un dios, todos hablan de él: es la respuesta y la justificación de las preguntas del mundo y basta con escucharlo para abrir los ojos.

La presencia de Kurtz es importante, pero más importante es su ausencia durante los dos primeros capítulos del libro. Existe a través de las voces que hablan sobre su genialidad y su poder, de la adoración que acarrea. Es un dios para los salvajes, pero también para quien lo escuche hablar y para quien escuche hablar a otros sobre él.

En el segundo capítulo, la única motivación de Marlow es viajar y encontrar a Kurtz, como si se tratara de una peregrinación. Viajar al corazón de las tinieblas, donde habita un hombre extraordinario y un monstruo bestial. La dicotomía del libro toma una forma particular: Kurtz es un genio universal y al mismo tiempo un asesino desquiciado.

EL ARLEQUÍN

Es curioso que este jovenzuelo, de improbable existencia en la selva, sea de nacionalidad rusa. Antes y después de la Conferencia de Berlín, en 1894, Rusia nunca tuvo colonias en África. El arlequín es un remiendo de retazos de varios tipos de tela, y podría verse como un símbolo de las naciones europeas.

El libro *Una investigación sobre algunos aspectos de la navegación*, de Townson, es la única referencia a la literatura o a algún tipo de desarrollo cultural europeo que se ve en la obra. El portador de este libro no es uno de los blancos que han venido a desangrar la tierra, sino el arlequín, un jovenzuelo sin precauciones, sin motivaciones, simple como una llanura pero ávido de vida. Aun en su ligereza y su desdeño de la idea de propiedad, el arlequín queda encantado con Kurtz, que le abre los ojos con poesía.

El arlequín es uno de los personajes que más estudios y reflexiones ha suscitado. Puede leerse como una voz cuerda en medio de la locura, como Sancho Panza en el

Quijote. También como el único con una vida por fuera de la perversidad o como el único capaz de vivir en el corazón de las tinieblas y nunca jamás enloquecerse. Así, puede ser el único personaje bondadoso o inocente, o puede ser un héroe. En cualquier caso, su existencia en esta obra bordea lo improbable y lo inexplicable.

LOS BLANCOS

En realidad hay varios personajes blancos. Sin embargo, aun cuando parece que tienen personalidades y atributos particulares, hay solo tres —incluyendo a Charlie Marlow— que en realidad son individuales. Los demás, aun con sus especificaciones, no son ampliamente desarrollados, pero podrían presentase como los matices del blanco que ha vivido en las tinieblas, y también como las tinieblas, materializadas en la selva, que constituyen un personaje autónomo, universal y transformado. A continuación, se hace una exploración de algunos de ellos.

Fresleven

Fresleven es un hombre tranquilo. No obstante, después de dos años en la selva, un hecho aparentemente insignificante lo ha convertido en un ser brutal, tanto que ese exceso desencadenará su propia muerte. Es el primer blanco que se sabe que vivió en el corazón de las tinieblas, y es a quien reemplazará Marlow. Fresleven no es solo el primer acercamiento que tenemos como lectores a la brutalidad y la locura, sino también a la percepción de los blancos como dioses o deidades para los negros. Con este personaje también se pone en evidencia que una de las cualidades más importantes para mantenerse en aquel lugar es, precisamente, la resistencia física ante el clima implacable y las enfermedades que pululan y amenazan constantemente con quitarle la vida a los exploradores.

El doctor

Antes de partir, un doctor le practica a Marlow unos exámenes de rutina. Además de preguntarle sobre enfermedades mentales en su familia, también le examina el diámetro de la cabeza. Para el momento en que se desarrolla esta obra había ya un interés por demostrar evolución o superioridad de unos humanos sobre otros a partir de la medición del cráneo y otros huesos.

Otro asunto importante a destacar aquí es que el doctor de entrada pone de manifiesto que quienes hacen aquel viaje a África nunca regresan. Quizás eso tenga que ver con una muerte física, o quizás ese no retorno tenga que ver con que una vez allí no se puede ser el mismo, ni siquiera parecido a lo que se fue antes. También le recomienda calma a Marlow, ya que lo contrario a la brutalidad y lo salvaje es precisamente la calma, la racionalidad: la única característica que diferencia a los hombres de los animales.

El director

Se trata de un hombre inquisitivo, envidioso y con ansias de fama; es traidor y mezquino, pero no tiene ninguna cualidad especial. Posiblemente trama una confabulación en contra de Kurtz, y sus pasiones son tan primitivas como las de cualquier otro blanco, solo que en él están mediadas por la mezquindad. No tiene un carácter definido, no dice gran cosa sobre nada y la única cualidad que tiene, que es rudimentaria y que lo mantiene como director en esa selva perversa, es su capacidad para resistir el clima. En este sentido, el director es el más primigenio de los blancos, el más simple.

El contador

El contador se esmera por mantener la apariencia y la compostura; está siempre bien peinado, con la ropa limpia, e incluso despide una tenue y elegante fragancia. En medio de la selva, Marlow lo respeta solo por el hecho de ser capaz de continuar vistiendo como en Europa en aquel entorno.

Las mujeres

Las mujeres blancas están apartadas de los hombres. Viven en otro mundo, han sido dejadas de lado, ajenas a cualquier verdad. Si tienen algún tipo de poder social —como cuando la tía le consigue trabajo a Marlow— es una humillación para los hombres, ya que está mal visto que las mujeres blancas sean de ayuda para los hombres blancos. En la sociedad de la época, las primeras deberían existir como cosas ajenas al mundo, intocables, solo observables, y la capacidad de ser observadas sería su cualidad más deseable.

LOS NEGROS

Los negros son cuerpos bronceados en cuya piel se reflejan las llamas de las tinieblas. En el libro, se trata de una masa corpórea y no de personajes como tal, con personalidad o voz. No tienen nombre alguno y se mueven más como masas, exhalaciones de la selva. Esta característica no les permite ser individuos ni tener rasgos específicos, y es la primera forma de despersonalización. A esto se le suma que las descripciones físicas son bastante extrañas, no son precisamente las de cuerpos humanos: se dice, por ejemplo, que tienen «patas» en vez de pies. No usan ropa y cubren parcialmente su desnudez con trapos coloridos y sin forma, muchos de ellos deshilachados. Se cuelgan joyas, amuletos y utensilios de brujería en el cuello y algunos incluso parecen tener cuernos. Esto, especialmente si se contrasta con los trajes, los pijamas y el tabaco inglés de los blancos, potencia la despersonalización, que será la base del siguiente paso: la deshumanización.

En las descripciones que hace Marlow, los negros de la selva son la antítesis del blanco, sobre todo en su primera aparición. En el primer acercamiento entre Marlow y los negros, este decide que lo que más desea es dejar de verlos. Hay algo en ellos que le genera repulsión, aun cuando es evidente su sufrimiento y su agotamiento. En el proceso de volverlos una masa detestable, la compasión, que sería un sentimiento o cualidad humana, no puede aflorar. Por lo tanto, los salvajes no son humanos ni son completamente animales, son la perversión; el narrador hace que sus movimientos sean erráticos y que se asemejen a los de la naturaleza:

> «De vez en cuando un barco que venía de la costa nos proporcionaba un momentáneo contacto con la realidad. Los remeros eran negros. Desde lejos podía vislumbrarse el blanco de sus ojos. Gritaban y cantaban; sus cuerpos estaban bañados de sudor; sus caras eran como máscaras grotescas; pero tenían huesos, músculos, una vitalidad salvaje, una

intensa energía en los movimientos, que era tan natural y verdadera como el oleaje a lo largo de la costa» (Conrad 1986, 30).

Aunque existen al mismo tiempo, tanto la Europa como el África que se representan en *El corazón de las tinieblas* parecen desarrollarse en tiempos históricos totalmente distintos. En la novela, los salvajes existen en un tiempo primitivo, lo que marca una clara diferenciación temporal y evolutiva entre los blancos y los negros. Los blancos viven en el desarrollo, y los negros en un estado primigenio. Según esta lógica de representación, los negros que describe Conrad están un eslabón antes de la humanidad y lo que los puede hacer aún más detestables es que se parecen, imprecisamente, a los blancos. Esto lo afirmará Marlow en su viaje por el río, cuando al tiempo en que lo detalla se pregunta por qué los caníbales que van a bordo no han devorado a los cinco blancos, aun cuando no tienen comida suficiente para abastecerse —y se sabe de antemano que el hambre es una de las fuerzas más difíciles de sobrellevar con moralidad—. ¿Por qué si además son supuestamente caníbales no devoran nunca a otro humano?

¿Sabía que…?

El canibalismo ha servido durante siglos como forma de representar lo bárbaro, de mostrar a los nativos de regiones recién descubiertas como seres primitivos y alejados de la civilización. Por ejemplo, en los primeros diarios de Cristóbal Colón se hablaba de seres que comían carne humana para referirse a los habitantes de los territorios americanos.

Sin embargo, el término «caníbal» en su acepción original procede de lenguas caribe y arawak, dos grandes familias lingüísticas americanas del Caribe, Centroamérica y el norte de Suramérica, y significaba «osado», «valiente», o «extraño», «extranjero». Además, aunque hay evidencia aislada de pueblos que practicaban el canibalismo ritual pocas veces, en ciclos bastante espaciados de años, esta noción es mucho más cultural, ya que es una forma de representar en el arte y la política a los nativos de África, Asia y América.

Lo que acabamos de mencionar será aún más relevante cuando se hable de que los negros no son criminales, ni siquiera enemigos. Para lograr esos dos estados —criminalidad, enemistad— sería necesario que, aun siendo perversos, estuvieran al nivel de los blancos y, evidentemente, este no es el caso. Los negros del primer capítulo son solo sombras de enfermedad y agotamiento. Se sabe que viven porque respiran con agitación y porque parecen caminar siempre cansados, pero no hay nada en ellos que demuestre impulso vital alguno.

En el segundo capítulo, sin embargo, hay dos negros a los que particularmente se hace referencia. El primero es el negro fogonero, el que bate el carbón del vapor. Este negro es especial porque es capaz incluso de encender una caldera vertical. El segundo es el negro timonero. Ambos son manifestaciones domesticadas de los mismos salvajes que pululan en la selva. Son particularmente importantes porque los demás, los que se aproximan al río, aparecen en manadas. Adicionalmente, tanto el timonero como el fogonero son parodias graciosas, figuras humorísticas para Marlow:

> «mirarlo resultaba tan edificante como ver a un perro en una parodia, con pantalones y sombrero de plumas, andando sobre sus patas traseras» (Conrad 1986, 70).

Cuando el vapor es atacado casi a punto de llegar al cuartel de Kurtz, el negro timonero recibe una flecha en el pecho, muere vilmente y es arrojado al mar para que su cuerpo sea el alimento de los peces. Aunque Marlow lo ve morir, no hay en él nada de compasión hacia aquel que da su último aliento. Le da lástima porque era un buen timonero, cual perro domesticado que aprendió a recoger una pelota eficazmente. Sin embargo, siente sobre todo desagrado porque sus zapatos están manchados con aquella sangre.

Aunque se pregunta por qué los negros hacen escándalo cuando el cuerpo del timonero es tirado al mar como si fuera un costal lleno de piedras que estorba, reflexiona sobre todo sobre sus zapatos nuevos, los mismos que lamentablemente tuvo que tirar por la borda porque estaban llenos de algo tan imborrable como desagradable. Este es uno de los pasajes más difíciles de leer, si se lee como la pérdida de una vida que en verdad ni fue pérdida ni fue vida, porque no puede decantar ni aunque sea un poco la balanza contra unos zapatos nuevos.

LA SELVA

La selva parece algo viviente, que respira; una cortina tumultuosa que además oculta a los salvajes y sus intenciones oscuras, y que tiene la capacidad de enceguecer y ensordecer al blanco. La selva es un lugar en sí impenetrable, infinito, y que podría albergar cientos de criaturas infrahumanas. Una vez dentro es difícil ver con claridad qué hay afuera, ya que es una neblina que lo ocupa todo, y esa neblina es el camino más rápido a la locura y a la bestialidad.

Como es una región espesa, un manto, un universo perfectamente aislado, de allí pueden emanar con facilidad las pasiones más primitivas y mezclarse con la brutalidad y la violencia, e incluso encarnarlas. Para los blancos, en medio de la selva no habitan seres humanos.

Claro que, aunque Marlow se ve afectado por aquella brutalidad de la selva, por la facilidad de la violencia y la pérdida de contacto con la vida y con la muerte como sucesos irrepetibles, en realidad nunca penetra en la selva. Siempre duerme en su vapor, navega por el río y, aunque padece los ataques de las orillas, el tránsito como marino le permite solo intuir de qué se trata la brutalidad, pero no le deja conocer el epicentro de esta.

CONSIDERACIONES FORMALES

El corazón de las tinieblas no solo es famosa por su análisis del colonialismo y por su ambigüedad política, señalada por algunos críticos en el siglo XX, sino que además lo es porque se trata de un texto a caballo entre dos tradiciones: el realismo propio del siglo XIX y el vanguardismo de las primeras décadas del siglo XX. Así, esta novela prefigura los escritos de Joyce y de Proust con una técnica sin igual, que adentra al lector en lo más profundo de varias selvas, y no solo de la geográfica.

LA SELVA DE LA NARRACIÓN

La literatura estaba dejando de ser lo que era con la escritura de Conrad. Anteriormente, sobre todo en el siglo XIX, la mayoría de textos eran narrados por un personaje omnisciente, un observador de la totalidad del mundo, que conocía, además, la mente de sus personajes con exactitud. Balzac, quizás el escritor paradigmático del siglo XIX, usaba con frecuencia este recurso, haciendo que su narrador fuera consciente de hasta el más mínimo detalle sobre sus personajes y sobre el mundo. Así, nos podía dar cátedra sobre la ópera, la industria de la imprenta, la arquitectura de la época y las posturas políticas de todos los estamentos sociales.

Sin duda, los narradores de Conrad son distintos. De hecho, es notable que ya no nos refiramos a un solo narrador, sino a varios, a *los narradores*, en plural. Este es precisamente el caso del libro del que hablamos aquí, *El corazón de las tinieblas*. Se trata de una conjunción de dos narradores, uno que resguarda al otro, como si se tratara de *matrioskas*, las famosas muñecas rusas, una dentro de la otra. El narrador más objetivo, más aislado de nosotros, es un marino de la Nellie, que escucha con respeto a su capitán contar la historia de su viaje. Esta narración es el marco de lo fundamental, de la carne del libro oscuro que nos convoca. El marino describe a Marlow, y nos da un marco de referencia e indicios sobre su personalidad.

El segundo narrador es Marlow, quien cuenta en primera persona su experiencia en África. Es mesurado y tranquilo, además de aterrador, recio y minimalista. Es un narrador tremendo y toda su personalidad como contador de historias tiene que ver precisamente con la oralidad. Sabemos que cuenta esta historia frente a un grupo de marinos y que tiene que mantener su atención, narrar con precisión en un tiempo corto.

De esta forma, tenemos relatos enmarcados: el marino cuenta que está navegando por el Támesis y que su capitán le cuenta una historia; nosotros mismos vemos esta historia, que es la de otro hombre que ha quedado loco después de la barbarie de África. Es otra selva, una selva de significados, de historias que se cruzan y que se contienen, de árboles de narraciones que nos cubren y protegen. La novela que tenemos en nuestras manos forma parte, en esa medida, de una antiquísima tradición de relatos enmarcados, de historias que contienen a otras historias, entre las que encontramos *Las mil y una noches*, *Calila y Dimna* y el también inglés *Cuentos de Canterbury*.

LA SELVA DE LA CONSCIENCIA

Estos narradores son bastante distintos a los que describíamos, ideados por Balzac. Mientras esos no tenían personalidad y lo podían ver todo, estos son humanos, y cuentan la historia como tales: se fijan en ciertos detalles y no lo conocen todo sobre el mundo. Más bien, lo que interesa en este punto es examinar perspectivas, flaquezas y modos del lenguaje. Si bien no lo sabemos todo sobre África —sobre su industria, su cultura, su demografía, etc., como lo sabríamos gracias a un narrador de Balzac—, en Conrad, casi por primera vez en la historia, vemos una mente en funcionamiento que tiene solamente una perspectiva, un subconsciente hablando sobre el mundo que lo rodea y sobre aquello que percibe en él, pero no sobre su totalidad.

Precisamente esta es otra particularidad de *El corazón de las tinieblas*: su lenguaje diferente, mucho más cercano a la mente del narrador. Se ha hecho mucho énfasis por parte de ciertos críticos en que este lenguaje tiene que ver precisamente con la bruma de la selva, con la indeterminación y el peligro que acarrea el viaje. Y es que el mundo descrito de forma objetiva no ofrecería tanto temor, tanta brutalidad como el que se desprende de una mente que se está volviendo loca.

Se ha señalado, por ejemplo, que, a medida que el relato avanza, las descripciones se van volviendo también más extrañas: las imágenes se vuelven más difusas, los sonidos más estridentes y el espacio mucho más indeterminado. Así, no hay significado que valga, lo que importa es observar la decadencia de la mente y la cultura, la entrada a un territorio que, más que geográfico, es una región oscura de la mente a la que no tenemos acceso normalmente. Mientras el río avanza y se vuelve más inhóspito, accedemos a otras formas de percepción del mundo y de expresión del lenguaje.

TEMÁTICAS Y CLAVES DE LECTURA

LA LOCURA

Marlow está cerca de la locura cuando, estando ya en el cuartel de Kurtz, se da cuenta de que el genio universal y enfermo no está ahí, de que Kurtz se ha retirado. Marlow halla rastros de gateo insufrible, como de un cuerpo que ya no soporta la vida, y sale en su búsqueda. El ritmo regular de tambores lejanos se mezcla con el latido del corazón, como si se hubiera convertido de repente en un leopardo que persigue su presa por un bosque espeso. En ese frenesí aparece un negro con cuernos, y se sabe que hay otros similares que están cerca:

> «Una figura negra se levantó, abrió sus largas piernas, y agitó sus largos brazos delante del fulgor. Tenía cuernos, cuernos de antílope. Un hechicero, un brujo, no cabe duda; su aspecto era el de un demonio» (Conrad 1986, 107).

Pero en términos estrictos, ¿qué es la locura y cómo se representa? Los tres temas centrales de la novela —la locura, lo salvaje y la brutalidad— están estrechamente vinculados. La locura puede provenir o de un embrujo que existe en el corazón de las tinieblas, o de la conquista de las pasiones primitivas sobre el ser humano. En términos estrictos, esas pasiones que rondan el espíritu, entre más simples, más enloquecen. Cuando Marlow se da cuenta de que Kurtz habla de todos los temas y de todos los ámbitos de la cultura como si fueran su posesión, se da cuenta de cómo esos sentimientos pequeños, que andan como una llama ligera, se dilatan y se expanden en la selva.

Por otro lado, lo que también produce locura es la presencia de la brutalidad que solo la locura puede producir. Si se hace frente a una violencia tal como la que se relata en esta novela, existirían dos caminos posibles: o la total indiferencia o la locura. Marlow, por ejemplo, es la manifestación de la indiferencia. Este estado solo se logra si las pasiones primitivas no están presentes. Si la mezquindad y el anhelo de fama o de propiedad habitan en algún lugar del alma humana, y esa alma es enviada al horror, no hay manera de que escape de la locura, ni hay manera de que esta no se manifieste de forma violenta.

Después de haber vuelto del corazón de las tinieblas, Marlow se da cuenta de que los blancos en Europa, aun con la seguridad y el desarrollo tecnológico, son también gente de comportamientos simples y de sueños estúpidos, que igualmente representan la base de la brutalidad y la locura.

EL SALVAJISMO

Podemos demarcar lo salvaje en la novela a partir de dos concepciones: lo físico y lo temporal. La parte física tiene que ver con, por ejemplo, cómo aparecen los salvajes: como exhalaciones de la tierra que emergen de una neblina, sin forma específica, pero de manera brutal. Entre más se adentra Marlow a la selva, más se aleja de la forma racional de pensamiento. Este viaje por el río es hacia lo instintivo, lo animal. No obstante, hay que añadir que la fuerza de la naturaleza y del río también impulsa hacia este comportamiento irreflexivo. Entre más se aleja de la civilización, más brutal, poco racional y sanguinario se vuelve el comportamiento.

Esta irracionalidad también tiene que ver con la esfera de la brutalidad. Por ejemplo, en el vapor, a los negros caníbales se les permite llevar carne para aprovisionarse. La carne de hipopótamo se pudre y los blancos la arrojan al río. El narrador se pregunta cómo no se lo comieron a él y a los otros blancos, si estaban cada vez más hambrientos. Esta descripción de lo salvaje tiene que ver con la animalidad y con seres que serían capaces hasta de volverse caníbales debido al hambre.

En un segundo nivel, lo salvaje tiene que ver también con lo primigenio, pero esta vez de forma temporal. Es decir, aunque Europa y la selva coexisten, una y otra están en lugares de la civilización diferentes. Este viaje también puede ser, por lo tanto, un viaje en el tiempo. La selva es el lugar prehistórico, que estaba allí antes de la historia, antes de que existiera cultura humana alguna. Y después de un tiempo de navegación, rápidamente, se puede volver a la civilización.

En ese sentido, la propuesta sobre la civilización que se trata en el libro sería que existe mediación sobre las pasiones humanas básicas. Sin embargo, la colonización, su brutalidad y violencia demostrarán que no existe tal cosa.

LA BRUTALIDAD

Brutalidad es la de Fresleven, que propina latigazos al viejo jefe de una tribu porque siente que le han robado, pero este es solo el comienzo de una cadena creciente de brutalidades. La brutalidad del clima y la capacidad para aguantarlo da un poder que nadie puede rebatir solo porque poder sobrellevarla es un atributo de bastante valor. De igual manera, la forma de mantener la posición dada por la resistencia al clima es la brutalidad.

El corazón de las tinieblas es, por supuesto, una muestra de la brutalidad del colonialismo. De aquel lugar en donde habita Kurtz y que se expande a todos los rincones del continente. Dentro de la espesura de una selva donde las fuerzas de la naturaleza son igualmente brutales, cualquier forma de violencia que justifique otra emerge con facilidad, del mismo modo que surgen las enfermedades. La violencia, sin embargo, también es simbólica. En el pasaje del timonero negro, la reflexión de Marlow sobre los zapatos y el cuerpo lanzado al agua son profundamente violentos, al igual que el pasaje de las cabezas que adornan la oficina de Kurtz. En ese sentido, en esta novela no se habla solo de la destrucción y violencia física, sino también del alma humana. Por eso no es brutalidad, bestialidad o violencia, es algo que está más allá, es ¡el horror!

COLONIALISMO

El corazón de las tinieblas es una novela tan especial que no hay un consenso general sobre la política que la rodea. Fue escrita a finales de siglo XIX, cuando el colonialismo estaba empezando a ser visto como una fuerza violenta, más allá de la creencia de que era más bien un poder salvador omnisciente y omnipotente que iba a proteger a la raza humana al llevar cultura y civilidad a todos los rincones del planeta. Todo lo contrario, ya había evidencias de la violencia con que los europeos trataban a millones de personas en África, América y Asia.

Conrad no era ajeno a esta realidad y no escribió solo una novela de aventuras, sino un contradictorio texto político, en el que se puede ver el inicio de los movimientos antiimperialistas. La novela es una crítica a las injusticias, la violencia y la brutalidad de la explotación de recursos por parte de los europeos en las colonias alrededor del mundo.

Sin embargo, también se ha acusado a Conrad de racista e imperialista. En especial, el escritor nigeriano Chinua Achebe es reconocido por ofrecer una crítica a la visión racista de Conrad. En un texto llamado «Una imagen de África: racismo en *El corazón de las tinieblas* de Conrad», Achebe hace un análisis de la animalización de los negros, quienes aparecen en el texto de Conrad como una masa cultural, casi integrada al paisaje; además, señala que el libro es una fuente de violencia que luego se verá replicada en la vida real.

PISTAS PARA LA REFLEXIÓN

ALGUNAS PREGUNTAS PARA PROFUNDIZAR EN SU REFLEXIÓN...

- ¿Cómo se manifiesta el colonialismo en la actualidad?
- Escriba un pequeño relato que sea narrado por uno de los caníbales de la embarcación.
- ¿Por qué se dice que los negros en la novela son representados como si formaran parte del paisaje?
- ¿Cree que Conrad era racista en su escritura?
- ¿En qué productos de la cultura popular ha visto escenas similares a las de la novela?
- ¿Qué función tiene el arlequín en la novela?
- ¿Qué personajes de la cultura popular recuerda que tengan relación con el canibalismo?

¡Su opinión nos interesa!
¡Deje un comentario en la página web de su librería en línea,
y comparta sus favoritos en las redes sociales!

PARA IR MÁS ALLÁ

EDICIÓN DE REFERENCIA

- Conrad, Joseph. 2012. *El corazón de las tinieblas*. Buenos Aires: 519 editores.

ESTUDIOS DE REFERENCIA

- Watts, Cedric Thomas. 2012. "Conrad's Heart of Darkness: A Critical and Contextual Discussion". Ensayo, Editions Rodopi. Consultado el 5 de mayo de 2017. http://public.eblib.com/choice/publicfullrecord. aspx?p=978047
- Firchow, Peter Edgerly. 2000. "Envisioning Africa: Racism and Imperialism in Conrad's Heart of Darkness". Ensayo, University Press of Kentucky. Consultado el 5 de mayo de 2017. http://public.eblib.com/choice/publicfull-record.aspx?p=1914976

FUENTE COMPLEMENTARIA

- *Los Simpson*. "Simpson Safari". Temporada 12, episodio 265. Dirigido por Mark Kirkland. Escrito por John Swartzwelder. Fox, 1 de abril de 2001.

LECTURAS RECOMENDADAS

- Firchow, Peter Edgerly. 2000. "Envisioning Africa: Racism and Imperialism in Conrad's Heart of Darkness". Ensayo, University Press of Kentucky. http://public.eblib.

com/choice/publicfullrecord.aspx?p=1914976
- Rennel, Tony. 2009. "The maddest movie ever: Why Apocalypse Now is the finest film of modern times". *Daily Mail.* 5 de diciembre. Consultado el 5 de mayo de 2017. http://www.dailymail.co.uk/tvshowbiz/article-1233293/The-maddest-movie-Why-Apocalypse-Now-finest-film-modern-times.html

ADAPTACIÓN

- *Apocalypse Now.* Dirigida por Francis Ford Coppola, con Martin Sheen, Marlon Brando, Robert Duvall, Frederic Forrest, Dennis Hopper, Harrison Ford, Scott Glenn, Laurence Fishburne y Sam Bottoms. Estados Unidos: American Zoetrope, 1979.

ResumenExpress.com

www.resumenexpress.com

ISBN ebook: 9782806296603

ISBN papel: 9782806296610

Depósito legal: D/2017/12603/222

Cubierta: © Primento

Libro realizado por Primento*, el socio digital de los editores*